The BIG Book of Boys Names 2023

By Jane Summers

Copyright @JaneSummers

The most popular boys names for 2023:

Aadam
Aadil
Aahil
Aamir
Aarav
Aaric
Aariz
Aaron
Aarush
Aaryan
Aayan
Aayush
Abbas

Abby
Abdallah
Abdiel
Abdirahman
Abdou
Abdul
Abdullah
Abdullahi
Abdulrahman
Abdur
Abdur-rahman
Abdurrahman
Abel
Abelino
Abercrombie
Aberforth
Abhainn
Abi
Abner

Abraham	Adem
Abram	Aden
Abu	Adhamhnan
Abubakar	Adil
Abubakr	Adin
Ace	Aditya
Achille	Adler
Achraf	Adnan
Acorn	Adolfo
Adair	Adomnan
Adam	Adonis
Adami	Adrian
Adamo	Adrianna
Adamson	Adriel
Adan	Adrien
Adda	Adyan
Adde	Aed
Addi	Aedan
Addison	Aeddan

Aelwen	Aicha
Aelwyn	Aidan
Aengus	Aiden
Aeron	Aidin
Aeronwen	Aidyn
Aeronwy	Aigéan
Aerowyn	Ailbe
Afan	Ailean
Affan	Ailill
Affleck	Ailín
Afon	Aille
Agathon	Ailpein
Agustin	Aimeeloved
Ahern	Aimon
Ahmad	Aindrea
Ahmed	Aindriú
Ahmir	Ainslee
Ahyan	Ainsley
Aibhne	Airell

Airlie	Alec
Aisling	Aled
Ajay	Alejandro
Alan	Aleksander
Alard	Alessandro
Alaric	Alessio
Alasdair	Alex
Alasdhair	Alexander
Alastair	Alexandre
Alavda	Alexandru
Alban	Alexis
Albert	Alexzander
Alberto	Alfie
Albi	Alfie-james
Albie	Alfie-lee
Alby	Alfonso
Alden	Alfred
Alder	Alfredo
Aldo	Alfric

Alfrid	Aloysisus
Alger	Aloysius
Ali	Alpin
Alick	Alpine
Alijah	Alroy
Alisen	Alton
Alistair	Aluin
Alister	Alun
Allan	Alva
Allaster	Alvaro
Allen	Alvia
Alma	Alvin
Almund	Alwyn
Alnoth	Amaan
Alois	Aman
Aloisio	Amar
Alonso	Amari
Alonzo	Ambrose
Aloys	Ameer

Amelot	András
Amergin	Andre
Amias	André
Amin	Andreas
Amir	Andrei
Amlodd	Andres
Ammar	Andrew
Amon	Andy
Amos	Aneirin
Anakin	Aneislis
Anas	Aneurin
Ander	Angel
Anders	Angelo
Anderson	Angus
Andi	Anish
Andie	Anmire
Andra	Anrai
Andrae	Anraí
Andras	Ansh

Anson	Apollo
Anthony	Apostol
Antoine	Arailt
Anton	Aralt
Antoni	Aramis
Antonio	Aran
Antony	Arawn
Antwan	Archard
Anwel	Archer
Anwell	Archerd
Anwil	Archibald
Anwill	Archie
Anwyl	Archy
Anwyll	Ardagh
Anyon	Ardal
Aodán	Ardan
Aodh	Ardent
Aodhagan	Ardghal
Aodhán	Ares

Arfon	Arnald
Argyle	Arnall
Argyll	Arnas
Arham	Arnau
Ari	Arnav
Arian	Arne
Aric	Arnie
Ariel	Arnold
Aries	Aron
Arion	Aronas
Arjan	Arran
Arjun	Arren
Arlo	Arrin
Armaan	Arron
Arman	Art
Armand	Artagnan
Armande	Artair
Armando	Artan
Armani	Arthur

Arthyen	Aston
Artie	Atlas
Artur	Atreus
Arturo	Atticus
Arun	Atto
Arvel	Auberi
Arwel	Aubertin
Arwyn	Aubery
Arya	Aubray
Aryan	Aubrey
Asa	Audra
Ash	Audric
Asher	Auger
Ashley	August
Ashton	Augustine
Ashwin	Augustus
Aster	Auld
Asthore	Aurelianus
Astin	Auryn

Austen	Ayan
Austin	Ayaz
Avalon	Ayden
Avary	Aydin
Avent	Aydon
Avere	Aydyn
Averie	Ayer
Avery	Ayers
Avi	Ayman
Avignon	Aymon
Avon	Ayomide
Awdrie	Ayoub
Awnan	Ayrton
Awstin	Ayub
Awtry	Ayush
Axel	Ayyub
Axl	Azaan
Axton	Azariah
Ayaan	Aziel

Azrael	Balthazar
Bachlóg	Balzac
Baeddan	Banagher
Baglan	Banbhan
Baglen	Banebridge
Bail	Banks
Bailey	Banner
Baily	Banning
Bain	Bannoch
Bainbridge	Bannock
Baines	Baptiste
Baird	Bar
Bairn	Barbaros
Baker	Barclay
Baldie	Barcley
Ballantine	Bard
Balor	Barde
Baltasar	Barden
Baltazar	Bardene

Bardo	Barre
Bardolph	Barree
Bardon	Barrett
Bardot	Barrey
Barhloew	Barri
Baris	Barrick
Bark	Barrie
Barklay	Barrow
Barkley	Barry
Barklie	Barrymore
Barnabe	Barthelemy
Barnaby	Barthélemy
Barnett	Bartholome
Barney	Barthram
Barnum	Bartleah
Barr	Bartley
Barrak	Bartlomiej
Barran	Bartolome
Barrclay	Bartosz

Bartram	Bayless
Baruch	Bayley
Barwolf	Baylie
Barwyn	Baylor
Bary	Baynbridge
Basil	Bayne
Basile	Baynebridge
Basilios	Bayrd
Basse	Baz
Bastien	Bazz
Baudelaire	Beagan
Baudet	Beagen
Baudoin	Beagin
Baudouin	Bear
Baudry	Bearach
Baxter	Bearú
Bayard	Beatus
Bayerd	Beau
Baylee	Beaubeau

Beauchamp	Beecher
Beaudean	Beegan
Beaudouin	Beegin
Beaumont	Beith
Beauregard	Beldan
Beavan	Beldane
Beaven	Belden
Beaw	Belenus
Bec	Beli
Beceere	Belial
Bechet	Bellamy
Beck	Bellinor
Beckett	Belmont
Beckham	Belot
Bede	Beman
Bedivere	Bemelle
Bedo	Ben
Bedwyr	Benaiah
Beech	Benan

Benard	Benôit
Benas	Bensen
Benedict	Benson
Benedictus	Bentlee
Benen	Bentley
Benett	Benvy
Beni	Beomann
Benicio	Beore
Benito	Berach
Benjamin	Berenger
Benji	Beretun
Benjie	Berford
Benjiman	Berge
Benn	Berian
Bennett	Berk
Bennie	Berkeley
Benny	Berkie
Benoit	Berkley
Benoît	Berklie

Berky	Bev
Berle	Bevan
Bernad	Beven
Bernal	Bevin
Bernard	Bevis
Bernardin	Bevon
Bernardino	Bevvan
Bernardo	Bevvin
Bernd	Bevvon
Bernhardus	Beynon
Bernon	Bhrett
Bernot	Bijou
Bernt	Bilal
Berny	Bill
Bertie	Bille
Berton	Billie
Bertrand	Billy
Berwyk	Birch
Berwyn	Birde

Biren	Blakey
Birk	Blanchard
Birkett	Blanco
Birkey	Blane
Biron	Blanford
Birtel	Blathmac
Bishop	Blayne
Biuon	Blayr
Bivian	Blaze
Bjorn	Bleddyn
Blaed	Blethin
Blain	Bleu
Blaine	Blevine
Blair	Bluejay
Blaire	Bo
Blaise	Bobbie
Blaisot	Bobby
Blaize	Bobi
Blake	Bode

Boden	Boyce
Bodhi	Boyd
Bodie	Boyde
Bogart	Boyle
Boid	Boyn
Boine	Boyne
Bon	Brac
Bonamy	Brad
Bond	Bradach
Boo	Bradan
Boone	Bradden
Boris	Braddon
Borys	Braden
Boston	Bradey
Bouvier	Bradford
Bow	Bradley
Bowen	Bradly
Bowie	Bradon
Bowin	Brady

Braeden	Bray
Braedy	Brayan
Braiden	Braydan
Braidie	Brayden
Brain	Braydie
Bram	Braydon
Bramm	Braylen
Bran	Braylon
Brân	Brazil
Branden	Breandan
Brandon	Breasal
Branna	Brecken
Brannen	Brede
Brannon	Breed
Branson	Brenan
Brant	Brend
Brantley	Brendan
Brawley	Brendano
Braxton	Brenden

Brendin	Brian
Brendon	Briand
Brendt	Briann
Brendyn	Briano
Brennan	Briant
Brennen	Briar
Brennin	Brice
Brennon	Bricen
Brent	Bridger
Brente	Briek
Brentley	Brien
Brenton	Brienn
Brentt	Briggs
Bret	Brighton
Breton	Briley
Brett	Brindley
Brette	Brindly
Bretton	Brinn
Breunor	Brion

Brissen	Brooks
Brixton	Brosedy
Broc	Brown
Brock	Bruce
Brod	Bruis
Broddy	Brunel
Brodee	Bruno
Broden	Bry
Broderic	Bryan
Broderick	Bryant
Brodey	Bryce
Brodie	Brycen
Brody	Brychan
Brogan	Brye
Broggan	Bryen
Brónach	Bryent
Bronagh	Bryn
Bronson	Brynlee
Brooklyn	Brynley

Brynmor	Burdett
Brynn	Burdo
Brynne	Burgundy
Brynner	Burke
Brynnlee	Burket
Brynnley	Burkett
Bryon	Burr
Bryse	Busbee
Brysen	Busbey
Brysin	Busbie
Bryson	Busby
Bucge	Bussby
Buchanan	Buster
Buck	Byran
Buckthorne	Byron
Bud	Cab
Buddy	Cabail
Buiron	Cabhan
Bunyan	Cable

Cabot	Cadoc
Cabott	Cadog
Cace	Cadogan
Cadan	Cadwal
Caddel	Cadwalader
Caddell	Cadwaladr
Caddock	Cadwallader
Cade	Cadwgan
Cadee	Cadwgon
Cadel	Cadwy
Cadell	Cadwyn
Caden	Cael
Cadewyn	Caelan
Cadfael	Caelen
Cadfan	Caerd
Cadhla	Caerwyn
Cadmael	Cagney
Cadman	Cahal
Cadmon	Cahan

Cahir	Calbhach
Cai	Calder
Caiden	Cale
Cail	Caleb
Cailean	Caley
Cailin	Calgary
Cain	Calhoun
Caine	Calixte
Caio	Callaghan
Cairbre	Callahan
Caird	Callam
Cairde	Callan
Cairn	Callen
Cairne	Callhoun
Cairns	Calligan
Cairo	Callum
Cal	Calum
Calahan	Calvagh
Calan	Calvin

Cam	Camryn
Cam'Ron	Canaan
Camaeron	Canaday
Camari	Canady
Camaron	Candide
Cambell	Candido
Cambrie	Cannan
Camdan	Cannon
Camden	Canon
Camdin	Canyon
Camdon	Caoimhe
Camea	Caoimhín
Camedon	Caol
Cameron	Caolan
Camilo	Caolán
Campbel	Caonach
Campbell	Caradoc
Camron	Caradog
Camry	Caragod

Carantoc	Carnell
Carantorivs	Carney
Carel	Carny
Carey	Carollan
Cargan	Carolos
Cariad	Carolus
Carian	Caron
Carl	Caronie
Carlin	Caroun
Carlisle	Carr
Carlo	Carraig
Carlos	Carrick
Carlow	Carrigan
Carlowe	Carroll
Carlton	Carsan
Carlyle	Carsen
Carmelo	Carson
Carmichael	Carter
Carnahan	Caru

Carvel	Cassey
Carvell	Cassi
Carvey	Cassidy
Carville	Cassius
Carwyn	Castiel
Cary	Casy
Carys	Casye
Case	Catabhar
Casen	Cathair
Casey	Cathal
Cash	Cathasaigh
Cashel	Caton
Cason	Cattlin
Caspar	Cavan
Casper	Cayde
Caspian	Cayden
Cass	Caydin
Cassady	Cayne
Cassedy	Cayo

Cayse	Ceilidh
Caysey	Cein
Cayson	Ceiran
Cazzee	Ceiriog
Cazzey	Ceiro
Cazzi	Celeste
Cazzie	Celestina
Ceallach	Celestine
Cearney	Celin
Cearul	Celt
Cecil	Celtic
Cecile	Celyn
Cecilio	Cennydd
Cecilius	Cenwyn
Cecyl	Ceolwald
Cedric	Cephas
Cedwyn	Cerda
Cefin	Ceredig
Cefni	Ceretic

Ceri	Chandler
Cerne	Chandley
Ceron	Chandlor
Césaire	Chane
Cesar	Chaneil
Cezanne	Chaney
Chace	Channing
Chad	Chapin
Chadwick	Charle
Chaim	Charles
Chaise	Charley
Chalmers	Charlie
Chance	Charlot
Chanceller	Chase
Chancellor	Chass
Chand	Chauncy
Chandell	Chayce
Chandelle	Chayse
Chandey	Chaz

Che	Cian
Cheney	Cianan
Chesare	Ciannait
Chester	Ciannan
Chestnut	Ciar
Chevalier	Ciaran
Chevelier	Cillian
Chevis	Cinon
Chevy	Cirroc
Cheyne	Claiborne
Chisholm	Clair
Chréstien	Clancey
Chrétien	Clancy
Chris	Claney
Christian	Clarence
Christofor	Clark
Christophe	Clarke
Christopher	Claud
Chuckie	Claude

Claudian	Cloud
Claudien	Clovis
Claudin	Cloyd
Claudiu	Cluny
Clay	Clyde
Clayton	Clydell
Clearie	Coast
Cleary	Coburne
Cled	Coby
Cledwyn	Cochran
Clement	Cockburn
Clément	Cockburne
Cliff	Codell
Clifford	Codey
Clifton	Codi
Clint	Codie
Clinton	Cody
Cloch	Coen
Clooney	Coeur

Coffey	Collumbano
Cohen	Collyn
Coileán	Colm
Coilin	Colman
Coinneach	Colombain
Coirt	Colquhoun
Col	Colson
Colan	Colt
Colby	Colten
Cole	Colter
Coleman	Colton
Colen	Colum
Colhoun	Columbano
Coligny	Columbanus
Colin	Columcille
Colle	Colwin
Collen	Colwyn
Collin	Colwynn
Collins	Colyn

Comhghall	Connar
Comiskey	Connell
Conal	Conner
Conall	Connery
Conan	Connley
Conar	Connlyn
Conary	Connor
Conchobhar	Conor
Coner	Conrad
Conlan	Conroy
Conlaoch	Constant
Conlen	Constantin
Conleth	Conuoge
Conley	Conway
Conlin	Conwy
Conlon	Conyngham
Conn	Cooper
Connaire	Corbeau
Connal	Corben

Corbin
Corby
Corbyn
Corcoran
Cordell
Core
Corea
Coree
Corentin
Corentine
Corey
Corian
Corio
Cork
Cormac
Cormack
Corneille
Cornelius
Cornett

Corrick
Corridon
Corrigan
Cortez
Corvin
Corwin
Cory
Cosgrave
Cosgrove
Cosmos
Cósta
Coty
Courtenay
Courteney
Courtis
Courtney
Cowal
Cowan
Coyle

Coyne	Creed
Craddock	Creg
Cradock	Cregge
Craeg	Creideamh
Craege	Creighton
Crag	Crescens
Crai	Crescent
Craig	Cress
Craigg	Cretien
Craigie	Crevan
Craik	Crew
Craiston	Creyg
Crane	Crichton
Cray	Criege
Craye	Criegg
Crayg	Críostaí
Crayton	Criostoir
Cré	Cristian
Creasy	Cristobal

Cristopher
Croix
Cronan
Crosby
Cruach
Crue
Cruz
Crwys
Cuán
Cubert
Culbert
Culen
Cullan
Cullen
Culley
Cullin
Cullinan
Cully
Culyn

Cunningham
Cunninghame
Curcio
Curelo
Curnow
Curragh
Curran
Currey
Currie
Currier
Curry
Curtis
Curtiss
Curtys
Curtyss
Cuss
Cwtch
Cyan
Cybi

Cydney	Dacey
Cynan	Dafydd
Cyndaf	Dagen
Cyndeyrn	Dahey
Cynefin	Dahn
Cynfael	Dahril
Cynfarch	Dahy
Cynfran	Dai
Cynog	Dailey
Cynwal	Daily
Cyprien	Daineal
Cyril	Daire
Cyrille	Daithi
Cyrus	Daithí
D'Arcy	Dakari
D'artagnan	Dakota
Daafi	Dal
Daavid	Dalaigh
Dabney	Dalan

Dalas	Damir
Dale	Damon
Daley	Damond
Dalit	Dan
Dallan	Dana
Dallas	Dandelion
Dalldav	Dandre
Dallen	Dane
Dallon	Dangelo
Dalon	Danial
Dalton	Daniel
Dalvwin	Danielius
Dalwyn	Daniyal
Dalziel	Danniell
Damari	Danny
Damian	Danon
Damiana	Danrelle
Damien	Dante
Damion	Dantin

Danton	Dargan
Danyal	Darian
Daquan	Dariel
Dara	Darien
Darach	Daril
Daral	Darile
Darall	Darill
Daralle	Darille
Daray	Darin
Darby	Dario
Darcey	Darion
Darci	Darius
Darcie	Darl
Darcy	Darnell
Darel	Darnelle
Darele	Darra
Darell	Darragh
Darelle	Darrah
Daren	Darral

Darran	Darwin
Darrel	Daryl
Darrell	Dasan
Darren	Dash
Darrick	Dashawn
Darrin	Dashiell
Darring	Daumier
Darrius	Dave
Darroch	Davian
Darrock	David
Darron	Davide
Darry	Davignon
Darryl	Davin
Darryll	Davine
Darryn	Davion
Darsh	Davis
Darsy	Davon
DArtagnan	Davy
Darvell	Davyn

Dawayne	Deegan
Dawid	Deen
Dawley	Degare
Dawood	Dei
Dawson	Deiniol
Dawud	Dejah
Dax	Deklen
Daxton	Del
Dayna	Delaine
Dayton	Delancey
Deacon	Delancy
Deaglan	Delane
Dean	Delano
Deandra	Delavan
Deandre	Delaware
Deangelo	Delaynie
Decklan	DeLeon
Declan	Delevan
Dee	Delles

Dellwin	Denard
Delmas	Denes
Delmer	Denholm
Delmore	Denijs
Delroy	Denim
Delvin	Denis
Delvon	Deniss
Delwin	Deniz
Delwyn	Dennes
Delwynn	Dennet
Demarcus	Denney
Demenico	Dennis
Demetre	Dennison
Demetrius	Denny
Demi	Denver
Demingo	Denys
Demont	Denzel
Dempsey	Deodat
Dempsy	Deon

Deonte	Deshawn
Deor	Desmand
Derec	Desmond
Derek	Desmund
Derfel	Dessert
Deri	Dessy
Derick	Destin
Derin	Destine
Dermot	Dev
Dermott	Devan
Derrick	Devante
Derrie	Deven
Derry	Deveraux
Derwen	Devere
Derwyn	Devereaux
Deryn	Deverell
Descartes	Devereux
Desean	Devin
Deshaun	Devine

Devinn	Dezmond
Devland	Dhruv
Devlen	Diandre
Devlin	Diarmaid
Devlon	Diarmait
Devlyn	Diarmi
Devnet	Diarmid
Devon	Diarmuid
Devonte	Diarmuld
Devyn	Didier
Dewain	Diego
Dewan	Dietbold
Dewane	Digby
Dewayne	Diggory
Dewey	Dilan
Dewi	Dileas
Dewie	Dill
Dexter	Dillan
Deycus	Dillen

Dillon	Domenique
Dilly	Domingo
Dilon	Domini
Dilwyn	Dominic
Dimitri	Dominick
Dinas	Dominie
Dingo	Dominik
Dion	Dominique
Dione	Domino
Dior	Dominy
Dmonte	Dominykas
Do	Don
Docherty	Donagh
Dodd	Donahoe
Doherty	Donahue
Dolan	Donal
Domenic	Dónal
Domenick	Donald
Domenico	Donatien

Donavan	Donnigan
Donavon	Donohoe
Doncan	Donohue
Doneld	Donovan
Donevin	Donoven
Donevon	Donovon
Doni	Donte
Donild	Doogan
Donn	Dooley
Donnacha	Dora
Donnan	Doran
Donncha	Dorian
Donnchadh	Dorrance
Donnel	Dorrel
Donnell	Dorrell
Donnelly	Dorren
Donney	Dorrin
Donni	Doudlens
Donnie	Doug

Dougal	Drazik
Dougan	Drew
Douger	Dru
Douggan	Drury
Dougherty	Drystan
Dougie	Dryw
Douglas	Duald
Douglass	Duane
Dougray	Duante
Dougy	Duayne
Douherty	Dubhan
Dover	Dubhghlas
Dow	Dubhlainn
Dowe	Dublin
Dowson	Dubois
Doyle	Duff
Dozier	Duffy
Drake	Dug
Draper	Dugaid

Dugan	Dustin
Duggan	Dusty
Duggy	Duval
Duke	Duvall
DuLance	Duwain
Dulé	Duwaine
Dumaresq	Duwayne
Dumas	Dwain
Dunc	Dwaine
Duncan	Dwane
Dunk	Dwayne
Dunkan	Dwi
Dunlop	Dwight
Dunmore	Dwire
Duralabh	Dwyer
Duran	Dwyn
Durand	Dyddgu
Duranjaya	Dyfan
Dureau	Dyfed

Dyfi	Eamon
Dyfri	Eamonn
Dyl	Ean
Dylan	Eann
Dylann	Eanna
Dylanne	Éanna
Dylen	Earl
Dylin	Earnest
Dyllon	Easten
Dylon	Easton
Dylonn	Eastun
Ea	Eastyn
Eadgar	Eben
Eadoin	Ebin
Eagan	Ebrill
Eagen	Ecgwynn
Eagle	Ed
Eaman	Edan
Eames	Eddie

Eddison	Efan
Eden	Efrain
Edenevet	Efrog
Edern	Egan
Edgar	Egann
Edison	Ehsan
Edmund	Eifion
Ednowain	Eilish
Ednyfed	Eilwyn
Édouard	Einion
Edric	Eion
Edryd	Eire
Eduard	Eirian
Eduardo	Eirnin
Eduuard	Eirwyn
Edward	Eisa
Edwin	Eithan
Edwyn	El
Eesa	Eleisha

Elfyn	Elliot
Elgan	Elliott
Elgar	Elliotte
Eli	Ellis
Elian	Elm
Elias	Elmer
Elie	Eloi
Élie	Elois
Eliel	Elon
Eliezer	Elouan
Elijah	Eloy
Eliot	Elroy
Eliphaz	Elvin
Elis	Elvis
Elisée	Elwood
Eliseo	Elwy
Elisha	Elwyn
Elldrich	Elwynn
Ellen	Elyas

Emanual	Emps
Emanuel	Emre
Emeril	Emrys
Emerson	Emyr
Emery	Enan
Emil	Enda
Emile	Eneas
Emiliano	Ennis
Emilien	Enoch
Emilio	Enright
Emilis	Enrique
Emir	Enzo
Emlen	Eoghan
Emlyn	Eoin
Emmanuel	Eon
Emmett	Ephraim
Emmitt	Érasme
Emmons	Erbin
Emory	Erchambaut

Ercwlff
Erek
Erembourc
Eren
Eri
Eric
Éric
Erich
Erick
Erik
Erin
Ermias
Ernest
Ernesto
Ernie
Eron
Errigal
Errol
Erroll

Erskin
Erskine
Erté
Erv
Erve
Ervin
Ervine
Erving
Ervyn
Erwyn
Erwynn
Eryk
Esa
Ésaïe
Eshaan
Eshan
Esmae
Esmay
Esme

Esperance	Eugène
Esperaunce	Eugenie
Esprit	Eurig
Essa	Eurion
Esteban	Euros
Estevan	Eustache
Estienne	Eutigirn
Ethan	Ev
Etienne	Evan
Étienne	Evander
Etrit	Evann
Euan	Evans
Euddogwy	Even
Eudeat	Evenston
Eudel	Everest
Eudelme	Everett
Eudes	Everwyn
Euen	Evin
Eugene	Evrard

Évrard	Fagan
Evyn	Fagin
Ewan	Fahad
Ewen	Fairbairn
Ewy	Faisal
Eynon	Faizaan
Ézéchiel	Faizan
Ezekiel	Falan
Ezequiel	Falcon
Ezra	Fallon
Faber	Falon
Fabian	Faolan
Fabien	Faraday
Fabio	Farhan
Fabion	Faris
Fabre	Faron
Fabrice	Farquar
Fabron	Farquarson
Fabyen	Farquhar

Farquharson	Feggan
Farran	Feidhelm
Farrel	Feidhlim
Farrell	Feivel
Farrill	Felan
Farrish	Felex
Farryll	Felim
Fate	Felipe
Favio	Felix
Favre	Fenton
Fayette	Feoras
Feá	Ferdia
Fearchar	Ferdinand
Feardorcha	Fergal
Fearghall	Fergall
Fearghas	Fergie
Fearghus	Fergus
Feargus	Ferguson
Fegan	Fergusson

Fermin	Fidele
Fernand	Fidèle
Fernando	Field
Fernandu	Fife
Ferrand	Filbert
Ferrante	Filip
Ferrel	Fin
Ferrell	Finan
Ferrill	Finbar
Ferrin	Findlay
Ferris	Findley
Ferriss	Fineen
Ferryl	Finegan
Fèvre	Fingal
Fews	Fingall
Ffion	Finian
Fiachra	Finlay
Fiacre	Finlea
Fidel	Finlee

Finley	Flainn
Finn	Flan
Finnbar	Flann
Finnbarr	Flannan
Finneas	Flannery
Finnegan	Flavien
Finnian	Fleasc
Finnlay	Fleming
Finnlea	Flenn
Finnley	Fletch
Finscéal	Fletcher
Fintan	Fleur
Fionan	Flin
Fionn	Flinn
Fionnbharr	Flint
Fisher	Florent
Fitz	Florentin
Fitzgerald	Florian
Fitzroy	Florin

Floyd	Foy
Flyn	Francesco
Flynn	Franchot
Folant	Francis
Fómhar	Francisco
Fontaine	Franciszek
Foraois	Franco
Forbes	Francois
Ford	François
Forest	Frank
Forester	Frankie
Forgael	Franklin
Forrest	Franklyn
Forrester	Franky
Fort	Fraser
Fortun	Frasier
Foster	Frasser
Foulques	Frazer
Fox	Frazier

Fred	Gabriel
Freddie	Gabrielius
Freddy	Gabriell
Frederic	Gael
Frédéric	Gaell
Frederick	Gaelle
Fredrick	Gaer
Frost	Gaerwn
Fuinseog	Gaetan
Fursey	Gage
Fychan	Gahan
Fyfe	Gaige
Fyffe	Gaille
Fyn	Gaine
Fynley	Gainer
Fynn	Gainor
Gabe	Gair
Gabin	Gais
Gable	Gaiwan

Galant	Gannan
Galbrait	Gannen
Galbraith	Gannon
Galbreath	Gannyn
Galfrid	Ganora
Gall	Garan
Gallagher	Garen
Gallbraith	Gareth
Gallbreath	Garin
Gallven	Garion
Gallvin	Garith
Galvan	Garllan
Galven	Garmon
Galvin	Garnell
Galvon	Garnock
Galway	Garon
Ganan	Garran
Ganen	Garrán
Ganin	Garrath

Garren	Gaston
Garret	Gatlin
Garreth	Gaubert
Garrett	Gaultier
Garrin	Gauther
Garrison	Gauthier
Garron	Gautier
Garrvey	Gauvain
Garrvie	Gavan
Garry	Gaven
Garson	Gavin
Garth	Gavino
Garve	Gavyn
Garvey	Gavynn
Garvie	Gawain
Garvy	Gawaine
Gary	Gawayn
Garyth	Gawayne
Gaspard	Gawen

Gawin	Gérald
Gay	Géralde
Gaylord	Gerallt
Gaynnor	Gerard
Gearoid	Gérard
Géaud	Gerardo
Geddes	Geraud
Geir	Gereint
Gene	Gerens
Genesis	Germain
Genilles	Germaine
Geoffrey	German
Geoffroi	Geron
Geoffroy	Gerrard
George	Gerren
Georgette	Gervais
Georgie	Gervaise
Geraint	Gervas
Gerald	Gervase

Gervasio	Gil
Gerwazy	Gilberd
Gerwyn	Gilbert
Gethin	Gilberto
Gethrude	Gilchrist
Gethwine	Gilderoy
Ghilles	Gildray
Ghillie	Gildroy
Ghillies	Gilean
Ghislain	Giles
Gian	Gill
Giancarlo	Gillanders
Gianni	Gillaspie
Gibbes	Gillchrist
Gibbon	Gille
Gibson	Gillean
Gide	Gillen
Gideon	Gilleon
Gifferd	Gilles

Gillespie	Giovanni
Gilley	Giraud
Gillies	Girauld
Gillion	Girvan
Gillis	Girven
Gilliss	Girvin
Gillmore	Girvon
Gillmour	Glanmor
Gillon	Glaw
Gillray	Gleann
Gillroy	Gleinguid
Gilman	Glen
Gilmore	Glendale
Gilmour	Glenden
Gilou	Glendin
Gilray	Glendon
Gilroy	Glendower
Gino	Glendyn
Giolla	Glenn

Glennard	Gordie
Glennie	Gordin
Glennon	Gordon
Glenny	Gordun
Glenton	Gordyn
Glin	Gorman
Glinn	Goronwy
Glyn	Gort
Glynd^wr	Gouen
Glyndwer	Govannon
Glyndwr	Gower
Glynn	Gradea
Glywys	Gradee
Godefroi	Graden
Godelot	Gradey
Gogan	Gradie
Gonzalo	Gradon
Gordan	Grady
Gorden	Graeham

Graem	Graydy
Graeme	Grayham
Graham	Grayheme
Grahame	Graysen
Graidey	Grayson
Graidi	Greagoir
Graidy	Grear
Graiham	Greer
Grainger	Greg
Grand	Gregg
Grandin	Grégoire
Grant	Gregory
Grantham	Grenier
Grantleah	Grey
Grantley	Greyson
Grantli	Grian
Granville	Griff
Graydee	Griffen
Graydey	Griffid

Griffin	Guarin
Griffith	Guatimozin
Griffri	Gudval
Grifin	Gui
Grosvenor	Guilbert
Grove	Guillaume
Grue	Guillelmus
Gruff	Guillem
Gruffudd	Guillermo
Gruffydd	Guinn
Grugwyn	Gunnar
Grummore	Gunner
Gryffen	Gus
Gryffyn	Gustav
Gryffyth	Gustave
Gryphon	Gustavo
Grzegorz	Gustavus
Guabeith	Gustaw
Guadalupe	Gusztav

Guthlac	Gwern
Guthree	Gwerydd
Guthrey	Gwidol
Guthrie	Gwili
Guthry	Gwilim
Guto	Gwilym
Gutun	Gwin
Guy	Gwinn
Guzman	Gwinne
Gwalather	Gwion
Gwalchmai	Gwladus
Gwallter	Gwrddogwy
Gwaltney	Gwrddylig
Gwaun	Gwrgant
Gwayn	Gwrgenau
Gwayne	Gwrgeneu
Gwenael	Gwrgon
Gwenallt	Gwrhydvawr
Gwent	Gwri

Gwriad	Hadrian
Gwronwy	Hadrien
Gwrthefyr	Hagen
Gwrwystl	Haggan
Gwyddien	Haiden
Gwyddnerth	Haider
Gwydion	Hakeem
Gwyn	Halley
Gwyndaf	Hamish
Gwynedd	Hamlin
Gwynfael	Hamza
Gwynfor	Hamzah
Gwynlais	Hanan
Gwynn	Hank
Gwyon	Hanly
Gwythyr	Hans
Haaris	Harbin
Hadi	Harby
Hadley	Harcourt

Hari	Harun
Haris	Harvest
Harkan	Harvey
Harken	Hasan
Harkin	Haseeb
Harlan	Hashim
Harland	Hashir
Harlem	Hasnain
Harlequin	Hassan
Harley	Haul
Harlow	Hawk
Harman	Hawthorne
Harold	Hayden
Haroon	Haydn
Harper	Haye
Harri	Hayes
Harris	Hazard
Harrison	Heath
Harry	Heathcliff

Hebert	Herbert
Hector	Herbie
Hedd	Hercule
Heddwyn	Heremon
Hedwin	Heresa
Hedwyn	Heriberto
Hedwynn	Herman
Hefin	Herne
Heilyn	Heron
Heine	Herve
Heini	Hervé
Heinrich	Hethin
Helyan	Hewett
Hendrix	Hewney
Henley	Hezekiah
Hennessy	Hilaire
Henri	Hillierd
Henrik	Hillock
Henry	Hillocke

Hillyerd	Housten
Hippolyte	Houstin
Hlink	Houston
Hlithtun	Houstun
Hmidou	Howard
Hoel	Howel
Hogan	Howell
Holden	Howells
Holly	Hubert
Honoré	Huck
Hood	Hudson
Hopcyn	Huey
Hopkin	Hugh
Hopkins	Hughe
Hopkinson	Hughie
Hopkyns	Hugo
Hopper	Hugues
Hoppner	Hulme
Houstan	Humberto

Hume	Hywel
Humphrey	Iago
Humza	Iain
Hunter	Ian
Hurlee	Ianis
Hurleigh	Ianto
Hurley	Iarla
Hurly	Iarlaith
Hussain	Ibraheem
Hussein	Ibrahim
Huston	Ichmaël
Hutcheson	Idrees
Hutchinson	Idris
Huw	Idwal
Huwcyn	Iefan
Huxley	Iestyn
Huzaifa	Ieuan
Hwyl	Ifan
Hyman	Ifor

Ignace	Iolo
Ignacio	Iorath
Ignacy	Iorwerth
Igor	Iosog
Ihsan	Ira
Iker	Irfon
Ilar	Irish
Illtyd	Irvin
Ilyas	Irvine
Immanuel	Irving
Imran	Irwing
Indiana	Isa
Indigo	Isaac
Inness	Isaï
Innis	Isaiah
Inniss	Isaias
Ioan	Íseáia
Ióisíá	Ishaan
Iolar	Ishaaq

Ishaq	Izaan
Isiah	Izaiah
Isidore	Izod
Islwyn	Jabari
Ismaeel	Jabrion
Ismael	Jac
Ismaël	Jace
Ismail	Jacinth
Ismâïl	Jack
Israel	Jackie
Issa	Jackson
Issac	Jacob
Ithel	Jacoby
Itzak	Jacquard
Ivan	Jacque
Ivor	Jacques
Iwan	Jad
Izaac	Jade
Izaak	Jaden

Jadiel	Jamar
Jadon	Jamari
Jaeden	Jamarie
Jagger	Jamel
Jago	James
Jai	Jameson
Jaiden	Jamie
Jaime	Jamil
Jair	Jamir
Jairo	Jamison
Jak	Jan
Jakari	Jannick
Jake	Janos
Jakob	Janvier
Jakobe	Jaquan
Jakub	Jared
Jalen	Jareth
Jamaal	Jarlaith
Jamal	Jarlath

Jarleath	Jaxton
Jarod	Jaxtyn
Jaron	Jaxx
Jarred	Jaxxon
Jarrett	Jay
Jarrod	Jayce
Jarvis	Jayceon
Jase	Jaydan
Jasiah	Jayden
Jason	Jayden-lee
Jaspa	Jaydon
Jasper	Jaylen
Javier	Jaylin
Javion	Jaylon
Javon	Jayson
Jax	Jaziel
Jaxen	Jean
Jaxon	Jean Baptiste
Jaxson	Jean-baptiste

Jean-charles	Jeremias
Jean-luc	Jeremie
Jean-pierre	Jérémie
Jedidiah	Jeremy
Jeevan	Jericho
Jeff	Jermaine
Jefferson	Jerome
Jeffery	Jérôme
Jeffrey	Jerrod
Jeffroi	Jerry
Jehan	Jesiah
Jenkin	Jesper
Jenny	Jess
Jensen	Jesse
Jenson	Jessie
Jeoffroi	Jesstin
Jerald	Jestin
Jereme	Jeston
Jeremiah	Jesus

Jeter	Johan
Jett	John
Jevan	John-james
Jevon	Johnathan
Jia	Johnathon
Jim	Johnnie
Jimmie	Johnny
Jimmy	Jon
Joao	Jonah
Joaquin	Jonas
Jobin	Jonatha
Jocelin	Jonathan
Jock	Jonathon
Jody	Jones
Joe	Jonny
Joel	Jonquil
Jöel	Jonty
Joesph	Jordan
Joey	Jorden

Jordon	Joziah
Jordy	Juan
Jorge	Judah
Jose	Jude
Josef	Judson
Joseph	Juelz
Josh	Juibert
Joshua	Jules
Josiah	Julian
Josie	Julien
Josse	Julio
Josue	Julius
Jourdain	Jumeaux
Jourdaine	Junaid
Jourdon	Juneau
Journee	Junior
Journey	Juniper
Jovan	Junipère
Jovanni	Jupiter

Juste	Kaelen
Justice	Kagan
Justin	Kagen
Justis	Kahan
Justise	Kahane
Justus	Kai
Justyce	Kaid
Kaarle	Kaidan
Kaarlo	Kaiden
Kabir	Kain
Kace	Kaine
Kacper	Kaird
Kade	Kairde
Kaden	Kairn
Kadon	Kairne
Kadrick	Kairns
Kaeden	Kairo
Kael	Kaiser
Kaelan	Kaison

Kaj	Kamron
Kajetan	Kamryn
Kajus	Kane
Kalan	Kannon
Kale	Karam
Kaleb	Karcsi
Kalel	Kareem
Kalin	Karel
Kalle	Kari
Kallum	Karim
Kalman	Karl
Kamal	Karlens
Kamari	Karlis
Kamden	Karlisle
Kamdyn	Karol
Kameron	Karson
Kamil	Karsyn
Kamran	Karter
Kamrey	Kase

Kasen	Kaylum
Kasey	Kayne
Kash	Kaysen
Kashton	Kayson
Kasim	Kayvan
Kason	Kayven
Kasper	Keagan
Kassidy	Keagen
Kathan	Kealahan
Kattlin	Kealan
Kavan	Keallan
Kay	Keallin
Kaya	Kean
Kayan	Keane
Kayde	Keanu
Kayden	Keaon
Kaydon	Keara
Kaylan	Kearie
Kaylen	Kearn

Kearne	Keeran
Kearney	Keerin
Kearns	Keeth
Keary	Kegan
Keath	Kegen
Keaton	Keh
Kedem	Keillan
Keefe	Keir
Keeffe	Keiran
Keegan	Keiron
Keegen	Keith
Keeghan	Keithe
Keelan	Kelaghan
Keelin	Kelan
Keen	Kellach
Keenan	Kellagh
Keene	Kellan
Keenen	Kelle
Keenon	Kellen

Keller	Kenji
Kelley	Kenn
Kelli	Kennady
Kelly	Kennan
Kelso	Kennedey
Keltie	Kennedy
Kelvin	Kennet
Ken	Kenneth
Kenadie	Kennett
Kendal	Kennie
Kendall	Kennith
Kendrew	Kennon
Kendric	Kenny
Kendrick	Kenrick
Kendricks	Kenricks
Kendrik	Kenrik
Kendrix	Kent
Kendryck	Kenuric
Kenedy	Kenwrec

Kenyan	Kerwinn
Kenyon	Kerwyn
Kenzie	Kest
Kenzo	Kev
Keon	Kevan
Keone	Keven
Keonne	Keveon
Kerill	Kevin
Kerk	Kevinn
Kermit	Kevion
Kern	Kevis
Kernaghan	Kevon
Kernan	Kevron
Kernohan	Kevyn
Kerr	Key
Kerry	Keyaan
Kervin	Keygon
Kervyn	Keyon
Kerwin	Khalid

Khalil	Kilmer
Khari	Kimble
Kiaan	Kimblyn
Kian	Kincaid
Kienan	King
Kienen	Kingsley
Kieran	Kingston
Kieren	Kinley
Kiernan	Kinnaird
Kieron	Kinnard
Kierren	Kinnell
Kierrin	Kion
Kierron	Kiran
Kieve	Kirk
Kilean	Kirke
Kiley	Kirwan
Kilian	Kirwen
Killean	Kit
Killian	Kiyan

Klay	Korbin
Kleiner	Korbyn
Kline	Korcoran
Knox	Korey
Koa	Korrie
Kobe	Kory
Kobi	Kota
Kobie	Koufax
Koby	Kraig
Koda	Krew
Kodi	Kris
Kodiak	Krish
Kody	Kristian
Kohen	Kristofer
Kolby	Kristopher
Kole	Krystian
Kolten	Krzysztof
Kolton	Kuba
Konrad	Kunal

Kurt	Kyran
Kurtis	Kyree
Kurtiss	Kyrie
Kurtys	Kyrin
Kurtyss	Kyro
Kush	Kyron
Kyan	Kyson
Kye	Labhras
Kyffin	Lac
Kylan	Lachann
Kyle	Lachlan
Kylemore	Lacklan
Kylen	Lackland
Kyler	Lacrosse
Kylian	Lafayette
Kylo	Laird
Kynan	Laith
Kyng	Lake
Kyon	Lamar

Lamarr	Lannie
Lamont	Lanny
Lance	Laoghaire
Lancelin	Laramie
Lancelot	Lark
Land	Larkin
Landaine	Laron
Landen	Larry
Landis	Larue
Landon	Lasalle
Landrey	Lasimonne
Landry	Lasonne
Landy	Laughlin
Landyn	Laurence
Lane	Laurent
Lanfranc	Laurentin
Langley	Laurie
Langston	Laurtne
Lanier	Lavaughan

Lave	Lebeau
Laver	LeBlanc
Lavern	Lebron
Lawler	Ledell
Lawlor	Ledger
Lawrence	Lee
Lawson	Leeroy
Layne	Legacy
Layton	Legend
Lazare	Legrand
Leaf	Leif
Leal	Leighton
Leamhán	Leith
Leandre	Leland
Léandre	Lemar
Leandro	Lemarr
Lear	Lemont
Leary	Lenard
Leavold	Lenin

Lennard	Leonila
Lennie	Leopold
Lennon	Léopold
Lennox	Leroi
Lenny	Leron
Lenox	Leroy
Leo	Lerroy
Leocadie	Les
Leodegrance	Leslie
Leon	Lestat
Léon	Lester
Leonard	Leuit
Leonardo	Leven
Leonce	Lever
Léonce	Leverett
Leonel	Levi
Leonello	Levron
Leonidas	Lew
Leonidem	Lewallyn

Lewellen	Lionellu
Lewellyn	Lionet
Lewes	Lionnel
Lewie	Lir
Lewis	Lisle
Lewys	Livingston
Leyton	Lleu
Lezly	Llew
Liam	Llewellen
Lian	Llewellyn
Liath	Llewelydd
Libin	Llewelyn
Lieux	Llion
Lincoln	Lloyd
Linnellio	Llwewellin
Lion	Llwyd
Lional	Llygad
Lionel	Llyr
Lionello	Llywarch

Llywelyn	Loren
Llywernog	lorent
Loan	Lorenzo
Lochlan	Lorn
Lock	Lornell
Lockie	Lothair
Locklan	Lothaire
Locryn	Lou
Logan	Loughlin
Loic	Loui
Loki	Louie
Lollar	Louis
Loller	Louvain
Loman	Lovel
London	Lovell
Lonell	Lovett
Lonn	Lowell
Lonnie	Lowen
Lorcan	Lowgan

Lowry	Lukasz
Loyd	Luke
Luc	Lúnasa
Luca	Lunn
Lucas	Luno
Lucca	Luqman
Lucho	Lusian
Lucian	Luther
Luciano	Lyale
Lucien	Lydell
Ludovic	Lyle
Lueis	Lyn
Luellyn	Lyndon
Lugh	Lynn
Lughaidh	Lyon
Lugus	Lyonell
Luis	Lyons
Luka	Lyric
Lukas	Mabon

Mac	MacCrae
Macadam	MacCray
Macaire	MacCrea
MacAlister	Macdonald
Macall	Macdougal
Macallister	MacDowell
Macalpin	Macee
MacArdell	Macfarlane
Macardle	MacGee
MacArthur	MacGhee
Macaulay	Macgowan
Macauley	MacGuire
Macbeth	MacHenry
Macbride	Maciej
Macbryde	Macinzie
Maccaulay	Mack
MacCowan	Mackensie
MacCowen	Mackenzie
Maccoy	Mackie

Maclean	Madocks
Macmahon	Madog
Macmurray	Madox
MacNeal	Mael
MacNeill	Maelgwn
MacNiel	Maelle
Macon	Maelog
Macrae	Maelon
Macsen	Maelor
Madden	Maen
Maddock	Magee
Maddocks	Magnus
Maddox	Magowan
Maddux	Maguire
Maddy	Mahdi
Madern	Mahir
Madigan	Mahon
Madoc	Mahoney
Madock	Maidoc

Mailer	Malcolum
Main	Malcom
Mainchin	Malcum
Maine	Maldwyn
Maines	Malik
Máirtín	Malise
Maisan	Malkolm
Maison	Mallon
Maisun	Mallorie
Major	Mallory
Makai	Mallot
Maksim	Malone
Maksymilian	Malory
Mal	Manawyd
Malachi	Mannix
Malachy	Manraj
Malakai	Mansel
Malakhi	Mansell
Malcolm	Manuel

Manus	Marlais
Marc	Marley
Marceau	Marlon
Marcel	Marmaduke
Marcelino	Marmeduke
Marcellin	Marque
Marcellus	Marquel
Marcelo	Marques
Marchello	Marquette
Marco	Marquis
Marcos	Marquise
Marcus	Mars
Maredudd	Marschall
Margo	Marsh
Margor	Marshal
Mario	Marshall
Marion	Marshel
Mark	Martin
Markus	Marty

Martyn	Mathew
Marvel	Mathias
Marven	Mathieu
Marvin	Mathis
Marvyn	Matias
Marwin	Matiese
Marwynn	Matt
Maslyn	Matteo
Mason	Matthew
Massey	Matthias
Massin	Matthieu
Masson	Mattieu
Masyn	Mauger
Matas	Maurice
Matei	Mauricio
Mateo	Maurin
Mateusz	Maverick
Math	Max
Matheu	Maxence

Maxim	McAlpine
Maxime	McArthur
Maximilian	McBride
Maximiliano	McCain
Maximilien	McCall
Maximillian	McCardell
Maximo	McCarthy
Maximus	McCaulay
Maxton	McClain
Maxwell	McClure
Mayhew	McCormick
Mayo	Mccoy
Maysen	Mccrea
Mayson	McCullough
Mc-	McDaniel
McAdam	McDonald
McAlister	McDougal
McAllister	McDowell
McAlpin	McGee

McGowan	Md
McGowen	Medraut
McGown	Medwyn
McGuire	Mehmet
McGwire	Meic
McHenry	Meical
McIntyre	Meilir
McKade	Meilyr
McKee	Meirion
McKenna	Mekhi
Mckensie	Mel
Mckenzie	Meldan
McKinley	Meledisant
McKinney	Mellan
McMahon	Mellen
McMurray	Mellin
McNeal	Mellon
McNeil	Melville
McNeill	Melvin

Memphis	Merlynn
Menzies	Merrick
Mercer	Merrion
Mercier	Mert
Meredith	Merthyr
Meredudd	Mervan
Meredyth	Merven
Merefin	Mervin
Merehwit	Mervyn
Merewyn	Mervynn
Merfyn	Merwin
Meriadoc	Merwinn
Merideth	Merwyn
Meridith	Meryle
Merion	Messiah
Merle	Meurig
Merlen	Miach
Merlin	Micah
Merlinn	Michael

Michal	Milosz
Micheal	Milot
Michel	Milton
Michon	Mingus
Mickey	Mirabeau
Miguel	Mirage
Mihangel	Misael
Mikaeel	Mississippi
Mikael	Mitch
Mikail	Mitchel
Mike	Mitchell
Mikel	Mohamad
Mikey	Mohamed
Mikhail	Mohammad
Mikolaj	Mohammed
Milan	Mohsin
Miles	Moise
Miller	Moïse
Milo	Moises

Monahan	Morfin
Monet	Morfinn
Monro	Morfran
Monroe	Morfyn
Montague	Morgan
Monte	Morgann
Montel	Morgen
Montgomerie	Morgian
Montgomery	Morgin
Montreal	Morgon
Monty	Morgun
Moran	Morlais
Moray	Morrgan
Morcan	Morrigan
Morcar	Morris
Mordechai	Mort
Mordred	Morte
Morey	Mortimer
Morfarch	Morton

Morty	Murdoch
Morvyn	Murdock
Mory	Murfee
Morys	Murfey
Moses	Murfie
Moshe	Murphee
Moss	Murphey
Mostyn	Murphie
Moyer	Murphy
Muhammad	Murron
Muhammed	Murry
Muir	Murtagh
Muireann	Murtaugh
Mujtaba	Murvin
Munchin	Murvyn
Mungo	Murvynn
Munro	Musa
Munroe	Musab
Murdo	Mustafa

Myles	Nataniel
Mylo	Nate
Myrddin	Nathan
Myrl	Nathanael
Myron	Nathanial
Nabil	Nathaniel
Nadav	Nathley
Nairn	Navarre
Nairne	Nazaire
NAMES	Neal
Nana	Neall
Naoise	Néall
Napier	Nealle
Napoleon	Nealon
Narcisse	Ned
Nash	Neely
Nasir	Nehemiah
Natale	Neige
Natan	Neil

Neilan	Niam
Neill	Nicaise
Neils	Nichol
Neilson	Nicholas
Neirin	Nick
Nellee	Nickolas
Nelson	Niclas
Neo	Nico
Neper	Nicolas
Nessan	Niel
Nesta	Nigel
Nestor	Nigellus
Nevan	Niguel
Neville	Nihal
Nevin	Nijel
Newlin	Nikhil
Newlyn	Nikita
Nial	Niklaus
Niall	Niko

Nikodem	Nolan
Nikolai	Noland
Nikolas	Nolen
Nile	Nollaig
Niles	Nolyn
Ninian	Norbert
Nirish	Norman
Nirmaljeev	Normandy
Nirmaljot	Norris
Nirvikara	North
Nixon	Norval
Njal	Norville
Noa	Nouvel
Noah	Nova
Noe	Nowel
Noë	Noyer
Noel	Nudd
Nohl	Nye
Nojus	Nygel

Nyse
O-
O'Brien
O'Keefe
O'Shay
O'Shea
Oak
Oakley
Oates
Obéron
Obert
Ocean
Octave
Octavio
Odhran
Odil
Odin
Odon
Odran

Odyssée
Ofydd
Oidhreacht
Oisin
Oistin
Oisyn
Olaf
Oleander
Olever
Oliver
Olivier
Oliwier
Ollie
Olly
Omar
Omari
Omer
Oneal
Onfroi

Onyx	Orson
Opaque	Orval
Oran	Orvale
Orane	Orvel
Ordric	Orville
Oren	Orwel
Orenthal	Oscar
Oriel	Osian
Orin	Osiris
Orion	Oskar
Orlando	Oslind
Orleans	Osman
Ormond	Ossian
Ormondo	Ossie
Orran	Osvaldo
Orren	Oswald
Orrie	Oswallt
Orrin	Otave
Orry	Othello

Othneil	Ozzy
Othon	Pablo
Otis	Pace
Ottewell	Packard
Otto	Pacome
Ouen	Paddy
Ourson	Paden
Outacite	Padgett
Owain	Padraic
Owaine	Padraig
Owais	Page
Owein	Paget
Owen	Páidí
Owens	Paisley
Oweyn	Paladin
Owin	Parc
Owney	Paris
Owynn	Parish
Oysin	Parke

Parker	Patrice
Parlan	Patricio
Parnell	Patrick
Parrey	Patrik
Parrie	Patriquek
Parrish	Patryk
Parry	Pats
Parsifal	Patterson
Parthalan	Pattison
Pascal	Paul
Pascale	Paulesh
Paschal	Paulette
Paschall	Paulson
Paskal	Pauric
Pasquale	Pawel
Paterson	Pawl
Pathalan	Paxton
Patraic	Payton
Patric	Peadar

Pearson	Perren
Pedr	Perrin
Pedro	Perry
Pembroke	Pete
Pendant	Peter
Pennant	Petit
Pepin	Peverell
Per	Peyton
Percard	Phelan
Perceval	Phelim
Percival	Pheonix
Percivale	Phil
Percy	Philbert
Peredur	Philbin
Peregrine	Philibert
Perkin	Philip
Perkins	Philipa
Perkinson	Philippa
Perkyn	Philippe

Phillbert	Pious
Phillip	Pirate
Phillipe	Platt
Phinean	Poart
Phinian	Pom
Phoenix	Pons
Phyfe	Port
Phylip	Porter
Picard	Portur
Pice	Porty
Pieran	Powel
Pierce	Powell
Piercy	Powle
Piere	Pranav
Pierre	Presley
Pierse	Preston
Pierson	Prewitt
Pilot	Price
Piotr	Prince

Princeton	Quain
Pritchard	Quartz
Proust	Quay
Prvce	Qué
Pryce	Quennel
Pryderi	Quentilien
Pryor	Quentin
Prys	Quigley
Pugh	Quill
Purdy	Quillan
Purves	Quillen
Purvis	Quillon
Purviss	Quin
Pwyll	Quincy
Pyer	Quindlen
Qasim	Quinlan
Qassen	Quinn
Qassim	Quinnell
Quade	Quint

Quinten	Rafferty
Quintien	Rafi
Quintilin	Ragener
Quintille	Raghnall
Quintin	Raheem
Quinton	Rahoul
Quintonn	Rahul
Quintrell	Raiden
Qutien	Raife
Quyn	Raihan
Quynn	Raimond
Rabbie	Raimundo
Radwan	Raine
Raees	Raja
Rafael	Rajan
Rafe	Rajveer
Raferty	Ralph
Raffarty	Ralphie
Raffertey	Ralphy

Ramiro	Raydell
Ramon	Rayden
Ramsey	Rayhan
Rance	Raylan
Randal	Raymond
Randall	Raymund
Randolph	Raymundo
Randy	Raynell
Ranger	Raynold
Ranier	Rayyan
Ranveer	Razo
Rao	Reace
Raoul	Reagan
Raphael	Rearden
Rashad	Reardon
Raul	Redmond
Ray	Reece
Rayaan	Reed
Rayan	Reede

Reegan	Remy
Rees	Rémy
Reese	Renate
Reez	Renaud
Regan	Renault
Reggie	Rene
Reginald	René
Regis	Renee
Regnauld	Renell
Regnault	Renfrew
Rehaan	Renne
Rehan	Rennie
Reid	Renny
Reign	Renon
Reilly	Reuben
Reimundo	Reuel
Rema	Reve
Remi	Revelin
Remington	Reverie

Rex	Rhun
Rey	Rhydderch
Reyansh	Rhydian
Reynaldo	Rhyhawd
Reynard	Rhyley
Reynaud	Rhys
Rhain	Rhywallon
Rheinallt	Riaan
Rhett	Rian
Rhiagad	Rían
Rhion	Riana
Rhiryd	Riann
Rhisiart	Rianna
Rhiwallon	Rianne
Rhobat	Riayn
Rhodri	Ricardo
Rhone	Rice
Rhory	Richard
Rhoslyn	Richer

Richie	Rishi
Rick	River
Rickey	Rivera
Ricky	Rizwan
Rico	Roark
Ridge	Roarke
Ridwan	Robat
Riftyn	Robbie
Riggs	Robers
Rigny	Robert
Rigoberto	Roberto
Riguallaun	Robin
Riley	Robinet
Riley-james	Roc
Riley-jay	Rocco
Rille	Roche
Rimiggiu	Rochildis
Rio	Rock
Riordan	Rocky

Rodel	Romain
Roderick	Roman
Rodney	Rome
Rodolfo	Romeo
Rodolph	Romney
Rodolphe	Romy
Rodric	Ron
Rodrick	Ronald
Rodrigo	Ronan
Rodrigue	Ronen
Rogan	Ronin
Rogelio	Ronnie
Roger	Ronny
Rohan	Roone
Rohnan	Rooney
Rohnen	Roree
Roi	Rorey
Roland	Roreye
Rolando	Rorie

Rorik	Rousseau
Rorke	Rowan
Rorric	Rowe
Rorry	Rowen
Rory	Rowney
Rosaire	Roy
Roscoe	Royal
Roshan	Royce
Ross	Royer
Rosselin	Ruadhán
Rossell	Ruaidhrí
Rossey	Ruaidhrí
Rossi	Ruairi
Rossie	Ruairí
Rossignol	Ruari
Rossiter	Ruaridh
Rosston	Ruben
Rourke	Rudi
Rousel	Rudy

Rueben	Ryen
Ruff	Ryenne
Ruffin	Ryker
Rufus	Rylan
Rule	Ryland
Rupert	Rylee
Ruskin	Ryley
Russell	Rylie
Rusti	Ryn
Rusty	Ryrid
Ruy	Saad
Ryan	Sabatay
Ryana	Saber
Ryane	Sabien
Ryann	Sabin
Ryanna	Sabinien
Ryanne	Sabinu
Ryder	Saby
Rye	Sacha

Sacheverell	Sameer
Sachiel	Sami
Sachin	Samir
Saeran	Samlet
Safwan	Sammy
Sage	Samson
Sahib	Samuel
Sahil	Santana
Saif	Santiago
Saim	Santino
Saint	Santos
Salaun	Sargent
Salazar	Sarjant
Salem	Sasha
Salinger	Satin
Salman	Saul
Salvador	Sauveur
Salvatore	Savon
Sam	Savoy

Sawel	Seamas
Sawyer	Séamas
Saxon	Seamus
Sayed	Sean
Sayer	Sean-Carlo
Sayers	Sean-Mark
Sayre	Sean-Patrick
Sayres	Searle
Scanlan	Searlus
Scanlen	Seath
Scanlon	Seb
Scott	Sebastian
Scottie	Sebastien
Scotto	Seff
Scotty	Seignour
Scully	Seimon
Seabhac	Seisill
Séaghdha	Seith
Seal	Sekani

Selkirk	Seymour
Selwyn	Shaan
Selwynne	Shae
Senán	Shah
Sennet	Shamus
Seoras	Shanahan
Seosamh	Shane
Sequin	Shanley
Seraffinu	Shannan
Seraph	Shannley
Séraphin	Shannon
Serge	Shante
Sergio	Shantel
Seth	Shantell
Seumas	Shaughn
Seumus	Shaun
Seven	Shaundre
Sévère	Shaurya
Severin	Shawn

Shawnel	Sheryl
Shawnell	Shiloh
Shawnn	Shire
Shay	Shiv
Shayaan	Sholto
Shayan	Shoney
Shayn	Shonn
Shayne	Siams
Shea	Siani
Sheehan	Siarl
Sheikh	Sid
Shelby	Sidnee
Sheldon	Sidney
Shepard	Siffre
Shepherd	Sigfroi
Sheredan	Sigourney
Sheridan	Silas
Sherman	Silvain
Sherrill	Silvester

Silvestre	Slaine
Simeon	Slavin
Simon	Slawin
Simone	Sleven
Sincere	Sloan
Sinclair	Sloane
Sinclaire	Slone
Sion	Smit
Siôn	Sol
Sioni	Soleil
Sionn	Solomon
Skelly	Somerled
Skot	Somerley
Skott	Somervile
Sky	Sonnagh
Skye	Sonnie
Skylar	Sonny
Skyler	Soren
Slade	Sorley

Sorrel	Stephen
Sorrell	Stephon
Soutine	Sterling
Sparrow	Stetson
Spéir	Steve
Spencer	Steven
Spruce	Stevie
Spurgeon	Stewart
Squire	Stirling
Stacey	Stone
Stacy	Strachan
Stanislaw	Strahan
Stanley	Struan
Steel	Struther
Stefan	Struthers
Steffan	Stuart
Stella	Subhaan
Stennis	Subhan
Stephan	Suede

Sufyan	Syed
Suibhne	Sylar
Sulaiman	Sylas
Sulayman	Syllyvan
Sullavan	Sylvain
Sullevan	Sylvester
Sullivan	Sylvestre
Sully	Szymon
Sultan	Tabor
Sulwyn	Tadeo
Sumner	Tadhg
Sunny	Taffryn
Sutton	Taffy
Sweeney	Taggart
Sweeny	Taggert
Sy	Taha
Sydnea	Tai
Sydnee	Taillefer
Sydney	Taisce

Taj	Tappen
Talamh	Taran
Talan	Tarant
Talfrin	Taren
Talfryn	Tarian
Talfrynn	Tariq
Talha	Tarmon
Taliesin	Tarot
Tallfryn	Tarrant
Tallie	Tarren
Tallon	Tarrent
Tallwch	Tartan
Tally	Tasciovanus
Talon	Tate
Tân	Tatum
Tananarive	Tavin
Tancréde	Tavis
Tanguy	Tavish
Tanner	Tawlon

Tay	Tegwaret
Tayce	Teifion
Tayelor	Teigan
Taylan	Teige
Tayleur	Teigen
Taylor	Teigue
Taylyr	Teilo
Tayron	Telesphore
Tayrone	Télesphore
Tchad	Telor
Teagan	Teo
Teague	Teodor
Tearney	Terence
Tecwyn	Terfel
Ted	Terner
Teddie	Terran
Teddy	Terrance
Tegan	Terre
Teger	Terrell

Terrence	Théodore
Terry	Theon
Terryl	Théophile
Tevin	Theoren
Tevis	Therese
Tewdwr	Therry
Teyrn	Thiago
Thaddeus	Thiar
Thaine	Thibault
Thanchere	Thierry
Thane	Thiery
Thatcher	Thirkell
Thayer	Thomas
Thayne	Thompson
Thebault	Thor
Theirry	Thoreau
Theo	Thorkel
Theodor	Thurl
Theodore	Thurle

Tiago	Timur
Tiarnan	Tíogair
Tiarney	Tirone
Tienan	Tirowne
Tiergan	Tison
Tiernan	Tiszon
Tierney	Titan
Tierone	Tite
Tiger	Titus
Tigernach	Tobias
Tighe	Toby
Tim	Todd
Timmy	Toille
Timo	Tole
Timon	Tom
Timothé	Tomas
Timothée	Tomasz
Timotheus	Tomi
Timothy	Tommie

Tommy	Trae
Tommy-lee	Trahaearn
Tomos	Trahearn
Tone	Trahearne
Tony	Trahern
Torance	Traherne
Torence	Trais
Torin	Tramaine
Torkel	Travais
Torkill	Travar
Torrance	Travees
Torrence	Traver
Torrens	Travers
Torrin	Traves
Torthred	Traveus
Toulouse	Travious
Toussaint	Travir
Trace	Travis
Tracy	Traviss

Travius	Trevar
Travon	Trevelian
Travor	Trever
Travous	Trevian
Travus	Trevis
Travys	Trevon
Travyss	Trevor
Trayvis	Trevore
Trayvon	Trevour
Tre	Trevyn
Trefor	Trevyr
Tremain	Trey
Tremarli	Treyvor
Tremayne	Triage
Trent	Tripp
Trente	Tris
Trenton	Trisan
Trev	Tristain
Trevais	Tristan

Tristann	Tryver
TristannTristin	Tucker
Tristen	Tudful
Tristian	Tudor
Tristin	Tudur
Triston	Tudwal
Tristram	Tulley
Troi	Tullie
Trone	Tullis
Trory	Tully
Trosta	Turlough
Troy	Turner
Troye	Turquoise
Troyton	Twm
Tru	Ty
Truett	Tyce
Trynt	Tycen
Tryp	Tyerone
Trystan	Tyesn

Tyeson	Tyrel
Tyhrone	Tyrell
Tyler	Tyrelle
Tyler-james	Tyrese
Tyler-jay	Tyrey
Tylor	Tyron
Tymon	Tyrone
Tymoteusz	Tyroney
Tynan	Tyronne
Tynell	Tyrowne
Tynen	Tyrrel
Tynin	Tyrrell
Tynnen	Tyry
Tynnin	Tysean
Tynon	Tyshan
Tyrae	Tyshauwn
Tyran	Tyshawn
Tyray	Tyshian
Tyree	Tyshinn

Tyshion	Ulrick
Tyshone	Ultán
Tyshonne	Ulysse
Tyshun	Ulysses
Tyshunn	Ulz
Tyshyn	Umair
Tysie	Umar
Tyson	Urbain
Uaine	Urbaine
Ubert	Urbanus
Udeh	Uriah
Uilliam	Urian
Uli	Uriel
Ulick	Urien
Ulises	Urwin
Ulisses	Usher
Ullric	Usman
Ullrich	Uther
Ulrich	Utz

Uzair	Vaughn
Vachel	Vaun
Valentin	Vaune
Valentine	Vawn
Valentino	Vawne
Valerian	Veer
Valery	Veit
Vallis	Velcho
Valter	Velour
Van	Velten
Vance	Verino
Vander	Verlin
Varden	Vermont
Vardon	Vernen
Varian	Vernin
Varnan	Vernon
Vaschel	Vernun
Vaughan	Vernyn
Vaughen	Verrill

Vevin	Vionnet
Viaan	Virgil
Vicente	Virgile
Victoir	Vischer
Victor	Vitalis
Vidal	Vitus
Vidor	Vivaan
Viel	Vivan
Vihaan	Vlad
Viktor	Vogue
Vilfred	Volney
Vilhelm	Voughn
Villard	Vrai
Villiers	Wade
Vincens	Wagner
Vincent	Waldemar
Vincenzo	Walden
Vinnie	Walder
Vinny	Waldo

Waleed	Warren
Walker	Watcyn
Wallace	Watson
Wallach	Watt
Wallas	Waylon
Walli	Wayne
Wallie	Welch
Wallis	Wells
Walsh	Welsh
Walt	Welwyn
Walten	Wendell
Walter	Wenzeslaus
Walther	Werner
Waltili	Werther
Walton	Wes
Walwin	Wesley
Walwinn	Wesson
Walwynn	West
Walwynne	Westin

Westley	Willy
Weston	Wilmer
Wetzel	Wilse
Wiktor	Wilson
Wil	Windsor
Wilbart	Winston
Wilber	Wisconsin
Wilbur	Wmffre
Wilder	Wojciech
Wilfred	Wolf
Wilfredo	Wolfgang
Wilfrid	Woody
Wilhelm	Wren
Will	Wyatt
Willi	Wybert
William	Wybren
Willie	Wyn
Willifred	Wynn
Willis	Wynne

Xander	Yaron
Xarles	Yaseen
Xavier	Yash
Xenon	Yasin
Xzavier	Yasir
Yadiel	Yassin
Yaegar	Yehuda
Yael	Yestin
Yago	Yisroel
Yahir	Ynyr
Yahya	Yorath
Yale	York
Yanis	Yosef
Yann	Yousef
Yannick	Yousif
Yannis	Youssef
Yaphet	Yousuf
Yaqub	Yunus
Yardley	Yusef

Yusuf	Zahn
Yuvraj	Zaid
Yves	Zaiden
Yvet	Zain
Yvo	Zaine
Yvon	Zaire
Zac	Zak
Zacchaeus	Zakai
Zaccheo	Zakaria
Zach	Zakariya
Zachalie	Zakariyah
Zachariah	Zakariyya
Zacharias	Zakary
Zachary	Zaki
Zachery	Zamiel
Zack	Zander
Zackary	Zane
Zackery	Zavier
Zahir	Zayaan

Zayan
Zayd
Zayden
Zayn
Zayne
Zayyan
Zebedee
Zebulun
Zechariah
Zed
Zeeshan
Zeke
Zeph
Zephaniah
Zephyrin
Zev
Zidan
Ziggy
Zion

Zuill
Zuri
Zyair
Zyaire
Zyon

Printed in Great Britain
by Amazon